Schizophrenie, Kausalmodelle zur Rolle der Bewertung bei der Emotionsentstehung und emotionale Intelligenz

Bibliografische Information der Deutschen Nationalbibliothek:

Die Deutsche Nationalbibliothek verzeichnet diese Publikation in der Deutschen Nationalbibliografie; detaillierte bibliografische Daten sind im Internet über http://dnb.d-nb.de abrufbar.

ISBN: 9783346787859
Dieses Buch ist auch als E-Book erhältlich.

© GRIN Publishing GmbH
Nymphenburger Straße 86
80636 München

Druck und Bindung: Books on Demand GmbH, Norderstedt Germany
Gedruckt auf säurefreiem Papier aus verantwortungsvollen Quellen

Das Buch bei GRIN: https://www.grin.com/document/1308861

Einsendeaufgabe

Alternative A

(Schizophrenie, Unterformen der Schizophrenie, Schizophrenie im Arbeitskontext, Kausalmodelle zur Rolle der Bewertung bei der Emotionsentstehung, das Stressmodell von Lazarus, Coping, Emotionale Intelligenz)

SRH Fernhochschule – The Mobile University

Modul: Allgemeine Psychologie II

Studiengang: B. Sc. Psychologie

Inhaltsverzeichnis

Abkürzungsverzeichnis 3

Abbildungsverzeichnis 4

1. Aufgabe A1 5

   1.1 Schizophrenie..5

   1.2 Unterformen der Schizophrenie..7

   1.3 Schizotype Störung 8

   1.4 Wahnhafte Störung 9

   1.5. Schizophrenie im Arbeitskontext 9

2. Aufgabe A2 12

   2.1 Kausalmodelle zur Rolle der Bewertung bei der Emotionsentstehung 12

   2.2 Das Stressmodel von Lazarus...15

   2.3 Coping..16

3. Aufgabe A3 17

   3.1 Emotionale Intelligenz 17

   3.2 Emotionale Intelligenz im Team 19

   3.3 Kritische Auseinandersetzung mit den Modellen der emotionalen Intelligenz 21

Literaturverzeichnis..23

Abkürzungsverzeichnis

Aufl.	Auflage
EI	Emotionale Intelligenz
Hrsg.	Herausgeber
ICD-10	Classification of Mental and Behavioural Disorders – Tenth Ediion
BEM	Betriebliches Wiedereingliederungsmanagement
Bzw.	Beziehungsweise
Bspw.	Beispielsweise
z.B.	zum Beispiel

Abbildungsverzeichnis

Abb. 1 Diagnosen der Schizophrenie nach ICD-10   S.6

Abb. 2 Transaktionales Stressmodell   S.16

Abb. 3 Modelle der emotionalen Intelligenz   S.18

1. Aufgabe A1

Im folgenden Kapitel wird zunächst das Krankheitsbild der Schizophrenie, der schizotypen und der wahnhaften Störung erläutert. Des Weiteren wird diskutiert, ob es für Patienten mit diagnostizierter Schizophrenie möglich ist, einer geregelten Beschäftigung auf dem ersten Arbeitsmarkt nachzugehen und welche Voraussetzungen dafür gegeben sein müssen.

1.1 Schizophrenie

Die in den internationalen Klassifikationssystemen beschriebene schizophrene Erkrankung kann in der heutigen Zeit mit Hilfe der Diagnosekriterien weltweit von Psychiatern sowie im Falle eines ausgeprägten Erscheinungsbildes teilweise auch durch erfahrene fachfremde Personen mit geeigneten Interviewtechniken, jedoch nicht durch biologische Messungen, zuverlässig diagnostiziert werden. Dennoch zählt die schizophrene Erkrankung im Rahmen der großen psychischen Störungen zu den am schwersten ätiologisch zu erklärenden und funktionell zu begreifenden Erkrankungen (Häfner, 2017, S.20). Die schizophrenen Störungen stellen ein komplexes Krankheitsbild dar, welches mit einer Persönlichkeitsdesintegration einhergeht und deren Verlauf entweder akut oder schleichend, begleitet von produktiven Symptomen wie beispielsweise Halluzinationen oder Wahnvorstellungen gekennzeichnet ist. Durch den fehlenden Realitätsbezug unterscheidet sich die Schizophrenie von den neurotischen und psychoreaktiven Störungen (Remschmidt & Theisen, 2011, S.14). Die Schizophrenie wurde erstmals durch den Schweizer Psychiater namens Eugen Bleuler benannt und bedeutet wörtlich übersetzt „gespaltene Seele". In Laienkreisen wird darunter oftmals eine multiple Persönlichkeit verstanden, jedoch meint der Begriff vielmehr eine Störung, welche sich durch das Fehlen der Koordinationsfähigkeit kognitiver und emotionaler Willensprozesse äußert. Dementsprechend groß ist auch die Zahl verschiedener Symptome, welche die schizophrene Erkrankung zum Ausdruck bringen kann. Die Symptome lassen sich zum einen in *positive* und zum anderen in *negative* Symptome einteilen (Berking & Rief, 2012, S.153). Symptome, welchem dem gesunden Erleben nicht entsprechen und diesem neu hinzukommen, werden als positive Symptome oder auch Kernsymptome bezeichnet, wie sie die Sinnestäuschungen und der (meist paranoide) Wahn darstellen. Dem gegenübergestellt ist die Negativsymptomatik. Negative Symptome stellen jeweils einen Mangel dar, welcher sich im Vergleich zu gesunden Menschen durch die Verminderung sozialer und kognitiver Fähigkeiten kennzeichnet. In schweren Fällen kommt es auch zu Defiziten im emotionalen Verhalten und Erleben wie bspw. der Abstumpfung von Gefühlen und einer starren Mimik als Folge der herabgesetzten psychomotorischen Ausdrucksbewegungen. Die Reduktion der Initiative, der Kreativität, des Antriebs sowie der Sprachproduktion zählt ebenfalls zur Negativsymptomatik (Häfner, 2017, S.33).

Die Schizophrenie, die schizotypen und wahnhaften Störungen sind im Klassifikationssystem der International Classification of Mental and Behavioural Disorders – Tenth Ediion (ICD-10) unter dem Code F2 kodiert. Die Schizophrenie trägt die Codierung F20 und unterteilt sich in die Unterformen *paranoide Schizophrenie, hebephrene Schizophrenie, katatone Schizophrenie, undifferenzierte Schizophrenie, postschizophrene Depression, schizophrenes Residuum, Schizophrenia simplex, sonstige Schizophrenie und Schizophrenie nicht näher bezeichnet* (Dilling & Freyberger, 2019, S.91). Abbildung 1 stellt die Diagnosen nach ICD-10 grafisch dar.

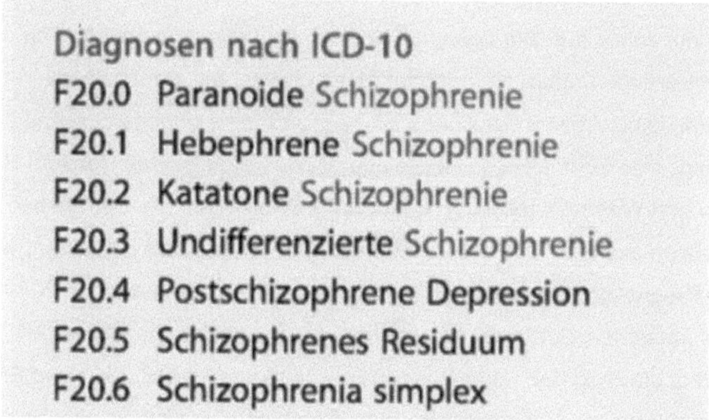

Diagnosen nach ICD-10
F20.0 Paranoide Schizophrenie
F20.1 Hebephrene Schizophrenie
F20.2 Katatone Schizophrenie
F20.3 Undifferenzierte Schizophrenie
F20.4 Postschizophrene Depression
F20.5 Schizophrenes Residuum
F20.6 Schizophrenia simplex

Abb. 1 Diagnosen der Schizophrenie nach ICD-10

(Quelle: (Schöpf, 2003, S.103))

Laut der ICD-10 kennzechtet sich die Schizophrenie allgemein durch grundle-
gende, charakteristische Störungen der Wahrnehmung und des Denkens als
auch durch verflachte oder inadäquate Affekte. Im Verlauf können kognitive De-
fizite auftreten, der Intellekt und die Bewusstseinsklarheit sind jedoch grundsätz-
lich nicht betroffen. „Die wichtigsten psychopathologischen Phänomene sind Ge-
dankenlautwerden, Gedankeneingebung oder Gedankenentzug, Gedankenaus-
breitung, Wahnwahrnehmung, Kontrollwahn, Beeinflussungswahn oder das Gefühl des Gemachten, Stimmen, die in dritter Person den Patienten kommentieren
oder über ihn sprechen, Denkstörungen und Negativsymptome." (Dilling & Freyberger, 2019, S.93). Nach Angaben der ICD-10 kann die schizophrene Störung
entweder kontinuierlich oder aber in Episoden mit stabilen oder sich steigernden
Defiziten verlaufen. Möglich sind auch mehrere oder nur eine Episode mit voll-
ständiger oder nichtvollständiger Remission[1] (Dilling & Freyberger, 2019, S.93).

1.2 Unterformen der Schizophrenie

Laut der ICD-10 sind die Hauptmerkmale der *paranoiden Schizophrenie* bestän-
dige, meist paranoide Wahnvorstellungen, die meist mit Wahrnehmungsstörun-
gen und akustischen Halluzinationen einhergehen. Katatone Symptome sowie
Antriebs-, Stimmungs-, und Sprachstörungen treten entweder nicht auf oder fal-
len nur wenig auf. Die *hebephrene Schizophrenie* ist hauptsächlich durch affek-
tive Veränderungen, unvorhersehbares und verantwortungsloses Verhalten und
Manierismen[2] gekennzeichnet. Es zeigt sich eine unangemessene flache Stimmung, eine zerfahrene Sprache und ein desorganisiertes Denken. Halluzinationen und Wahnvorstellungen treten nur teilweise auf. Die Betroffenen neigen zur
sozialen Isolation und leiden hauptsächlich an Negativsymptomen, weshalb der
die Prognose häufig auch schlecht ausfällt (Dilling & Freyberger, 2019, S.93). Bei
der *katatonen Schizophrenie* stehen psychomotorische Störungen im Vorder-
grund, die zwischen den extremen Erscheinungen wie Stupor[3] und Erregung sowie zwischen Negativismus und Befehlsautomatismus wechseln können.

---

[1] (vorübergehendes) Nachlassen von Krankheitssymptomen (Wirtz, 2017, S.1438)
[2] Unnatürliches, absonderliches, verschrobenes Ausdrucksverhalten der Sprachweise, Mimik,
Gestik usw. v.a. bei der katatonen Schizophrenie (Wirtz, 2017, S.1057)
[3] Stark psychomotorisch gehemmter Zustand im Wachzustand (Wirtz, 2017, S.1646)

Betroffene können lange in zwanghaften Haltungen verbleiben. Charakteristisch sind episodische schwere Erregungszustände. Diese Zustände bzw. katatone Phänomene können mit traumähnlichen Zuständen oder Halluzinationen einhergehen. Die Diagnose *undifferenzierte Schizophrenie* soll laut der ICD-10 für psychotische Zustände gewählt werden, die den Kriterien der Schizophrenie entsprechen, deren Symptome jedoch keiner der bisher genannten Unterformen entspricht, oder die Symptome den Kriterien mehrerer Unterformen entsprechen. Die postschizophrene Depression stellt eine langandauernde depressive Phase dar, die als Folge einer Schizophrenie auftritt und noch ein geringes Ausmaß an Negativ-, und Positivsymptomatik aufweist, welche das klinische Krankheitsbild jedoch nicht mehr dominiert. Die Diagnose *schizophrenes Residuum* beschreibt ein chronisches Stadium der Krankheitsentwicklung, bei dem eine Verschlechterung des Zustandes deutlich erkennbar ist. Charakterisiert ist dieses Bild durch eine langanhaltende Negativsymptomatik wie beispielsweise die Vernachlässigung der Körperhygiene, der Sprachverarmung und der nachlassenden sozialen Leistungsfähigkeit. Die *schizophrenia simplex* ist charakterisiert durch ein langsam fortschreitendes merkwürdiges Verhalten, sowie dem Defizit, gesellschaftlichen Normen nachzukommen und einer allgemeinen Leistungsminderung. Die nativen Symptome des schizophrenen Residuums entwickeln sich bei der schizophrenia simplex ohne die vorherigen produktiven psychotischen Symptome. In der ICD-10 wird darauf hingewiesen, dass die Diagnosestellung dieses Krankheitsbildes in der Praxis nicht empfohlen wird (Dilling & Freyberger, 2019, S.96-101).

1.3 Schizotype Störung

Die *schizotype Störung* wird in der ICD-10 unter F21 codiert und beschreibt eine Schizophrenie ähnliche Störung, die sich in exzentrischem Verhalten und in einer Abweichung der Stimmung und des Denkens äußert, jedoch keine eindeutigen Symptome einer Schizophrenie aufweist. Der Beginn der Erkrankung ist nicht klar festzustellen und der Verlauf entspricht dem einer Persönlichkeitsstörung. Die Symptome der schizotypen Störung sind unter anderem bizarre oder paranoide Ideen, die jedoch nicht das Ausmaß einer Wahnvorstellung erreichen,

Wahrnehmungs- und Denkstörungen, Halluzinationen und Psychose ähnliche Episoden mit starken Illusionen. Haben die Betroffenen zuvor die Kriterien einer Schizophrenie erfüllt, ist die Diagnose ausgeschlossen (Dilling & Freyberger, 2019, S.103).

1.4 Wahnhafte Störung

In der ICD-10 wird die *anhaltende wahnhafte Störung* unter F22 codiert und enthält die Subtypen *wahnhafte Störung, sonstige anhaltende wahnhafte Störung* und die *anhaltende wahnhafte Störung, nicht näher bezeichnet.* Das charakteristische Bild dieser Störungsgruppe ist ein einziger langandauernder Wahn oder mehrere zusammenhängende Wahninhalte, die entweder sehr lange oder ein Leben lang andauern. Die Wahninhalte der *wahnhaften Störung* sind sehr unterschiedlich. Ausschlusskriterien für diese Diagnose sind spezifische und bleibende akustische Halluzinationen, die Diagnose einer Gehirnerkrankung sowie Schizophrenie spezifische Symptome wie beispielsweise Affektverflachung und Kontrollwahn (Dilling & Freyberger, 2019, S.105). Bei der wahnhaften Störung treten spezifische Wahnthemen auf wie beispielsweise Eifersuchtswahn, Verfolgungswahn, Querulantenwahn, hypochondrischer Wahn oder Größenwahn (Gastpar, Kasper & Linden, 2003, S.111). Bei *sonstigen anhaltenden wahnhaften Störungen* sind die Wahninhalte oder Wahnsysteme von bleibenden Stimmen oder schizophrenen Symptomen geprägt, die jedoch nicht mit der Diagnose der Schizophrenie oder der wahnhaften Störung vereinbar sind (Dilling & Freyberger, 2019, S.106-107).

1.5. Schizophrenie im Arbeitskontext

Nach Schnabel & Clouth (2002) waren in Deutschland ca. 15% der Frühberentungen erwerbstätiger Menschen unter 40 Jahren auf eine schizophrene Erkrankung zurückzuführen (Schnabel & Clouth, 2002; zitiert nach Becker, Bäuml, Pitschel-Walz & Weig, 2007, S.207-208). In diesem Zusammenhang stellt die Schizophrenie die psychische Krankheit dar, welche die Teilhabe am Arbeitsleben am stärksten beeinträchtigt. Dabei spielen sowohl interne Gründe (innerpsychische und krankheitsbedingte) als auch externe Hindernisse (wirtschaftliche Hindernisse des 1. und 2. Arbeitsmarktes sowie gesellschafts-politische Hindernisse) eine Rolle (Becker et al., 2007, S.208). Eine schizophrene Störung zeigt sich am Arbeitsplatz durch auffallendes Verhalten wie beispielsweise sozialem Rückzug, erhöhte Ablenkbarkeit, motorische Verlangsamung, herabgesetzte Leistung und reduzierte Belastbarkeit (Reichert & Habib, 2017, S.38). Eine Person, die an einer psychischen Erkrankung leidet, kann dennoch arbeitsfähig sein und bleiben. Das ist vor allem dann gewährleistet, wenn die betroffene Person einen Arbeitsplatz hat, dessen Anforderungen den eigenen Fähigkeiten entsprechen, sie von den Kollegen respektiert wird und eine gute Zusammenarbeit möglich ist. Eine wichtige Rolle spielt dabei das Betriebliche Eingliederungsmanagement (BEM) mit der Aufgabe, die Passung abzustimmen und abzuklären (Reichert & Habib, 2017, S.33). Die häufigste Maßnahme des BEM ist die stufenweise Wiedereingliederung. Für die Rückkehr nach einer psychischen Erkrankung an den Arbeitsplatz stellt sie eine sinnvolle und erfolgsversprechende Maßnahme und ein wichtiges Übungsfeld dar. Das Ziel der stufenweisen Wiedereingliederung ist die Belastungserprobung und das Training der Belastungs- und Leistungsfähigkeit am aktuellen Arbeitsplatz. Der zeitliche Rahmen liegt zwischen 6 Wochen und einem halben Jahr (Reichert & Habib, 2017, S.77). Im Fall einer psychischen Krise, ist es zu Beginn sinnvoll, die tägliche Arbeitszeit auf 2-3 Stunden zu beschränken bzw. die Zeit an die Belastungsfähigkeit des Mitarbeiters anzupassen. Die geringe Arbeitszeit kann die Angst des Betroffenen vor der Rückkehr und vor einem Versagen reduzieren (Reichert & Habib, 2017, S.84). Das erteilte Aufgabengebiet muss die Instabilität des Betroffenen einer psychischen Erkrankung berücksichtigen, wie z.B. durch das Vermeiden von Termindruck, flexible Pausenzeiten und verständnisvolle Kollegen, die bereit sind beruhigende Gespräche zu führen. Demnach ist es einfach Arbeitsplätze für die Betroffenen einzurichten, da weder technische Hilfsmittel oder Umbauten nötig sind. Trotzdem sind wenige Arbeitgeber auf Grund der Berührungsängste mit psychischen Erkrankungen zur Umsetzung bereit (Luczak, 1993, S.75).

Betroffene einer schizophrenen Erkrankung sind in der Teilhabe am Arbeitsleben meist stark eingeschränkt. Um die Teilhabe psychisch kranker Menschen am Arbeitsleben dennoch zu gewährleisten, wurde eine Vielfalt geschützter

Arbeitsangebote, auch zweiter oder besonderer Arbeitsmarkt genannt, etabliert (Becker et al., 2007, S.207). Neben Selbsthilfefirmen und diversen Zuverdienst-Projekten gehören auch Werkstätten für behinderte Menschen (WfbM) den komplementären Arbeitsplätzen an (DGPPN, 2019a, S.214). Der Auftrag der WfbM besteht darin, eine angemessene Berufsbildung sowie eine leistungsgerechte, bezahlte Tätigkeit für die Personen zu erbringen, die aufgrund der Behinderung noch nicht, nicht wieder oder nie auf dem ersten Arbeitsmarkt arbeiten können (Becker et al., 2007, S.77). Das ca. 4-wöchiges Eingangsverfahren klärt zunächst, ob die Einrichtung und das Arbeitsangebot die richtige Wahl für den Betroffenen darstellt. Trifft dies zu, wird ein bis zu 12 Monate dauerndes Arbeitstraining durchgeführt, mit dem Ziel, die Erwerbs- und Leistungsfähigkeit zu entwickeln, zu steigern oder wiederzuerlangen. Ist das Arbeitstraining abgeschlossen, arbeitet der Betroffene im Arbeitsbereich und hat somit die Möglichkeit auf einen festen sozialversicherungspflichtigen Arbeitsplatz, sofern die mittel- bis langfristige Wiedereingliederung auf dem ersten Arbeitsmarkt nicht in Betracht kommt. Werkstattkonzepte, welche sich auf die Arbeit mit psychisch kranken Menschen spezialisiert haben müssen deren instabile psychische Lage berücksichtigen, die sich teilweise in deutlichen krankheitsbedingten Defiziten der Grundarbeitsfähigkeiten und psychosozialen Fähigkeiten, jedoch nicht betroffenen und zum Teil stark ausgeprägtem Intellekt zeigt. Monotone Arbeitsbedingungen verbunden mit einem hohen Produktivitätsdruck, können eine Verschlechterung der psychischen Situation begünstigen. Daher muss das Arbeitsangebot dieser spezialisierten Werkstätten ein vielfältiges Angebot bieten, welches nicht ausschließlich eine industrielle Massenproduktion verlangt. Um den individuellen Kompetenzen der Betroffenen gerecht zu werden, bieten die Einrichtungen Arbeitsplätze beispielsweise in den Bereichen Schreinerei, Fahrradwerkstatt, Druckerei und Versand an, in denen einer handwerklichen Tätigkeit, Lager- und Versandarbeiten sowie Büroarbeiten in verschiedener Komplexität nachgegangen werden kann (Kubny-Lüke, 2003, S.16-17). Der Anteil psychisch kranker Beschäftigter in den WfbM beträgt lediglich 5-10%, der überwiegende Anteil der Beschäftigten bezieht sich auf geistige Behinderungen (Thiel, Jensen & Traxler, 2010, S.335). In erster Linie stellen WfbM daher Arbeitsstätten für geistig Behinderte dar. Im Gegensatz zu geistig Behinderten bedürfen psychisch Behinderte einen erhöhten bzw. anderen Betreuungsaufwand und fühlen sich im Kontakt mit anderen Behinderten und

Gruppenanleitern rasch überfordert. Besonders wenn die Betroffenen bereits über eine berufliche Erfahrung verfügen, sind die einfachen Arbeitsangebote der WfbM meist mit einer Unterforderung verbunden. Außerdem sind die Gruppenleiter für die Betreuung der spezifischen Personengruppe oft nicht ausreichend qualifiziert (Sonnentag, 1991, S.28-29). Zunehmend etablieren sich auch Werkstätten mit speziellen Angeboten für psychisch Behinderte. Diese bieten in Bezug auf die Arbeitsinhalte, Arbeitsatmosphäre und die Lohngestaltung deutlich günstigere Möglichkeiten (DGPPN, 2019b, S.377).

2. Aufgabe A2

Im folgenden Kapitel werden die Kausalmodelle zur Rolle der Bewertung bei der Entstehung von Emotionen beschrieben. Des Weiteren wird erklärt, welche Rolle die Bewertung im Transaktionalen Stressmodell von Lazarus spielt und welche Ansatzpunkte es zur Bewältigung von Stress bietet. Abschließend werden verschiedene Coping-Strategien und deren Wirksamkeit vorgestellt.

2.1 Kausalmodelle zur Rolle der Bewertung bei der Emotionsentstehung

Im Allgemeinen versuchen Emotionstheorien den Zusammenhang zwischen körperlichen und psychischen Aspekten des Emotionserlebens zu erklären (Gerrig & Zimbardo, 2008, S.459). Die *evolutionsbiologischen Ansätze* beschäftigen sich mit der Frage, welche erblichen Komponenten den Emotionen zugrunde liegen und somit bereits angeboren bzw. zu mindestens angelegt sind. *Behavioristisch-lerntheoretische Ansätze* untersuchen die Entstehung von Emotionen durch Lernerfahrungen. Diese gehen davon aus, dass Emotionen auf der Grundlage des klassischen und instrumentellen Konditionierens erlernt und wieder verlernt werden können. *Neuro- und psychophysiologische Ansätze* erforschen den Zusammenhang zwischen organischen Strukturen und Emotionen und der Frage, ob Emotionen die Folge oder die Ursache physiologischer Vorgänge darstellen (Brandstätter, Schüler, Puca & Lozo, 2018, S.204-209). *Kognitive*

Bewertungstheorien gehen davon aus, dass Emotionen durch die Bewertung der jeweiligen Situation bestimmt werden und nicht in jeder Situation entstehen, die potenziell eine Emotion hervorbringen könnte (Becker-Carus & Wendt, 2017, S.549; Brandstätter et al., 2018, S.212).

Nach der Zwei-Faktoren-Theorie nach Schachter und Singer setzt die Emotions-entstehung zwei Komponenten voraus. Zum einen die physiologische Erregung (physiologische Komponente) und zum anderen deren kognitive Interpretation (kognitive Komponente) (Myers, 2008, S.549; Müssler & Riegler, 2017, S.206). In der Regel ist die Ursache einer Erregung mit einer direkten, passenden Erklä-rung bereits gegeben. Beispielsweise löst ein knurrender Hund eine körperliche Erregung aus, die sich z.B. in einer erhöhten Muskelspannung und einer schnel-len Atmung zeigt und von dem Menschen als eine Furcht vor dem Hund interpre-tiert wird. Schachter und Singer (1962) wiesen jedoch in einem Experiment nach, dass ein Erregungszustand in Ausnahmefällen auch irrtümlicherweise einer emo-tionalen Ursache zugeordnet werden kann. In ihrem Experiment manipulierten sie die drei Faktoren: körperlicher Erregungszustand, das Bedürfnis nach der Er-klärung für diesen Zustand und die Erklärung des Zustandes durch eine emotio-nale Kognition (Müssler & Riegler, 2017, S.206-207). Schachter und Singer än-derten den Erregungszustand der Teilnehmer, indem einer Gruppe das Hormon Adrenalin und der anderen Gruppe eine Kochsalzlösung verabreicht wurde. Ein Teil der Gruppe, denen das Adrenalin injiziert wurde, bekam die Information über die erregende Wirkung und konnte sich den Zustand mit der Gabe der Injektion erklären. Die zweite Gruppe bekam keine und die dritte Gruppe bekam eine fal-sche Information über die Wirkung. Der dritten Gruppe wurde erzählt, dass die Injektion einen Juckreiz sowie leichte Kopfschmerzen hervorrufen kann. Die erste Gruppe war somit die einzige, die eine nachvollziehbare Erklärung für die fol-gende körperliche Erregung hatte. Die Autoren vermuteten, dass die letzten bei-den Gruppen das Bedürfnis haben würden, den Grund für den Erregungszustand zu suchen. In ihrem Experiment boten sie den Teilnehmern eine Erklärung, in-dem sie eine weitere Versuchsperson einsetzten, einen Vertrauten des Ver-suchsleiters. Dieser wartete mit den Probanden auf die weiteren Untersuchungen und stellte sich entweder euphorisch dar oder verärgert über indiskrete Fragen, welche in einem Fragebogen zu beantworten waren. Schachter und Singer erwarteten, dass die Teilnehmer, denen eine Adrenalininjektion verabreicht wurde, eine ähnliche Emotion aufweisen wie die der anwesenden vertrauten Versuchsperson, sofern sie sich den Erregungszustand nicht erklären konnten. Im Gegensatz dazu sollten die Probanden, denen die Kochsalzlösung injiziert wurde und die Probanden, die über die Adrenalingabe Bescheid wussten, die Emotion des vertrauten Versuchsleiters nicht übernehmen. Die Hypothese konnte durch die Ergebnisse nur teilweise belegt werden. Probanden, die mit dem euphorischen vertrauten Versuchsleiter warteten, wiesen mehr positive Emotionen auf, sofern sie keine oder die falsche Information über die verabreichte Wirkung der Injektion hatten, als wenn sie richtig aufgeklärt waren. Demnach nahmen sie die Emotion des vertrauten Versuchsleiters eher auf, wenn sie ihren physiologischen Erregungszustand nicht erklären konnten (Brandstätter et al.,2018, S.213). Trotz vermehrter Kritik an dieser Untersuchung, wird der Theorie von Schachter und Singer eine bedeutende Rolle zugeschrieben, da sie die Aufmerksamkeit auf eine bisher rein körperlich orientierte Forschung auf die kognitive Bewertung der Emotionserfahrung lenkte (Becker-Carus & Wendt, 2017, S.547).

Bisher wurde die kognitive Bewertung im Rahmen der innerlich erlebten körperlichen Erregung betrachtet. Eine weitere Gruppe von Bewertungstheorien, vertritt die Meinung, dass das subjektive Emotionserleben und die damit zusammenhängende Erregung das Resultat der Bewertung einer äußeren Umweltsituation sind (Becker-Carus & Wendt, 2017, S. 549). Demnach werden Situationen subjektiv in Bezug auf das Wohlbefinden, eigene Bedürfnisse, aktuelle Ziele, und deren Bewältigungsmöglichkeiten betrachtet. Die Einschätzung einer potenziell emotionsauslösenden Situation ist mit spezifischen körperlichen, verhaltensbedingten und subjektiven Reaktionen verbunden (Brandstätter et al., 2018, S.214). Diese Annahme existierte bereits in der Antike, jedoch war Magda Arnold (1960) die erste Emotionsforscherin, welche die Bezeichnung „Einschätzung", auch *appraisal* genannt, gebrauchte, als sie voraussetzte, dass Einschätzungen die Grundlage der Emotionsentstehung darstellen. Dieser Ansatz wurde wiederum von den Arbeiten über Emotionen und Stress von Richard Lazarus (1966) gestärkt (Brandstätter et al., 2018, S.214).

2.2 Das Stressmodel von Lazarus

Nach dem Stressmodell von Lazarus liegen Emotionen und Stress einem in zwei Schritten ablaufenden, dynamischen, kognitiven Einschätzungsprozess zugrunde (Becker-Carus & Wendt, 2017, S.560; Brandstätter et al., 2018, S. 214). Im ersten Schritt (primäre Einschätzung) wird eine Situation bzw. ein möglicher Stressor entweder als stressbehaftet, irrelevant oder positiv bewertet. Stressbehaftete primäre Einschätzungen werden nach dieser Theorie wiederum entweder als eine Bedrohung, Herausforderung oder einen Schaden-Verlust bewertet (Kaluza, 2004, S.34; Faltermaier, 2017, S.93). Im zweiten Schritt (sekundäre Einschätzung) wird bewertet, ob die Situationsanforderung bewältigt werden kann und welche Möglichkeiten der Bewältigung in Frage kommen. Sind passende Bewältigungsstrategien vorhanden, können negative Emotionen und die damit verbundenen Stressreaktionen reduziert werden (Brandstätter et al., 2018, S.214). Sekundär meint hierbei jedoch nicht, die zeitliche Reihenfolge oder Gewichtung der Bewertung. Die zwei Schritte können gleichzeitig ablaufen und sich gegenseitig beeinflussen (Kaluza, 2004, S.34). Sofern ein Bewältigungsversuch einer belastenden Situation unternommen wurde, kommt es zu einer Neubewertung, auch *reappraisal* genannt. Da sich die wechselseitige Mensch-Umwelt-Beziehung ständig verändert, muss sie auch ständig einer neuen Bewertung unterzogen werden. Ein erfolgreicher Bewältigungsversuch kann z.B. dazu führen, dass die Situation nicht mehr als belastend empfunden wird, sondern viel mehr eine Herausforderung darstellt und eigene Bewältigungsmöglichkeiten können besser funktionieren als zuvor erwartet (Faltermaier, 2017, S.94). Abbildung 2 stellt das Transaktionale Stressmodell von Lazarus grafisch dar.

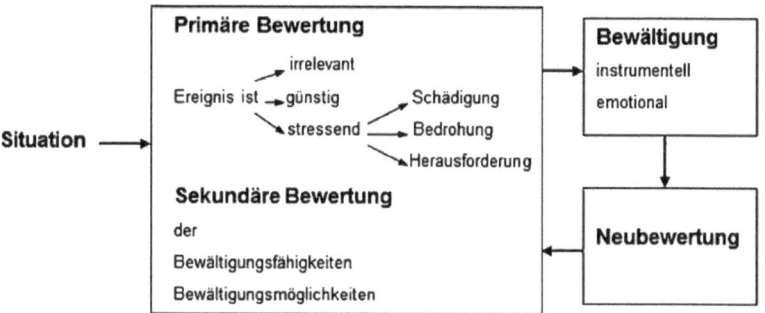

Abb. 2: Transaktionales Stressmodell
(Quelle: (Zapf & Semmer, 2004, S.1020))

2.3 Coping

Den Bewältigungsversuchen einer belastenden Situation sind diese kognitiven Bewertungen vorausgesetzt. Eine weitere zentrale Annahme der Stresstheorie von Lazarus, ist das *Coping Konzept*. Demnach sind Menschen ihren Belastungen nicht passiv ausgeliefert, sondern können aktiv werden, um ihr Wohlergehen vor negativen Auswirkungen zu schützen. Nach Lazarus und seinen Mitarbeitern gibt es zwei Funktionen des Copings: das *problemorientierte Coping* und das *emotionsorientierte Coping* (Faltermaier, 2017, S.94). Das problemorientierte Coping bezieht sich auf jene Bewältigungsstrategien, die entweder durch klar ersichtliche Handlungen oder realistische Problemlösungsvorgänge direkt mit dem Stressor umgehen. Im Mittelpunkt steht das zu bewältigende Problem sowie der stressauslösende Akteur. Diese Bemühungen sind vor allem hilfreich, um Stressoren zu bewältigen, die durch das eigene Handeln kontrollierbar sind. Das emotionsorientierte Coping ist besonders in Situationen hilfreich, in denen der Stressor nicht kontrollierbar ist (Gerrig & Zimbardo, 2008, S.480-481). Das Ziel der emotionsorientierten Strategie ist, das durch den Stressor hervorgerufene Unwohlsein zu minimieren wie z.B. durch ablenkende Gedanken und Fantasien, Flucht in die Krankheit oder soziale Unterstützung (Becker-Carus & Wendt, 2017, S.563). Am wirksamsten ist das Coping dann, wenn mehrere verschiedene Strategien verfügbar sind (Bonanno, Pat-Horenczyk & Noll, 2011, S.117-129). Ein erfolgreiches Coping ist dann gegeben, wenn die Ressourcen den

Anforderungen entsprechen. Sind multiple Strategien vorhanden, ist die Wahrscheinlichkeit hoch, dass eine passende Strategie gefunden wird und diese somit zur Anpassung und Stressbewältigung beiträgt (Gerrig & Zimbardo, 2008, S.481).

3. Aufgabe A3

Das Kapitel gibt einen Überblick über das Konstrukt der emotionalen Intelligenz und deren Bedeutung für die Teamzusammenstellung und den Teamprozess. Abschließend folgt eine kritische Auseinandersetzung mit dem Konzept der emotionalen Intelligenz.

3.1 Emotionale Intelligenz

Die Bezeichnung *emotionale Intelligenz* (EI) tauchte erstmals im Jahr 1966 in den Werken des Psychoanalytikers Leuners auf, der jedoch wie Payne im Jahr 1986 keine exakte Definition des Begriffs vorlegte. In fachfremden Kreisen wird die EI oft mit Golemans berühmten Buch aus dem Jahr 1995 verbunden, obwohl es Salovey & Mayer waren, die den Begriff bereits fünf Jahre zuvor (1990) in ihren empirischen Werken sehr präzise definierten (Lehner-Adam, 2016, S.18). Nach Salovey's und Meyer's Definition (1990) ist die emotionale Intelligenz: *„[...] the subset of social intelligence that involves the ability to monitor one's own and others' feelings and emotions, to discriminate among them and to use this information to guide one's thinking and actions"* (S.189). Allgemein meint die EI die Fähigkeit eigene Gefühle und die der anderen Personen exakt wahrnehmen zu können, Beziehungen zu gestalten und zu pflegen, Situationen richtig einzuschätzen sowie selbständig zu sein und sich in der Welt orientieren zu können. Dabei muss zwischen der emotionalen und der sozialen Intelligenz differenziert werden. Während sich die soziale Intelligenz auf alle zwischenmenschlichen Beziehungen und das Wohlbefinden bezieht, umfasst die EI hauptsächlich das Wahrnehmen und Verstehen von Gefühlen sowie den Umgang mit diesen (Bosley & Kasten, 2018, S.41). Die Modelle der EI werden in der Literatur zwischen

Anlagemodellen, *Fähigkeitsmodellen* und *Mischmodellen* unterschieden (Lehner-Adam, 2016, S.19). Die unterschiedlichen Modelle sind in Abbildung 3 dargestellt.

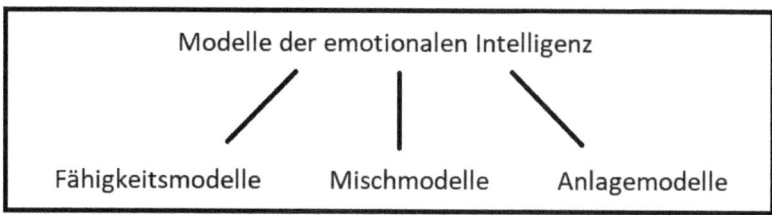

Abb. 3: Modelle der emotionalen Intelligenz
(Quelle: eigene Darstellung)

Das bekannteste und älteste *Fähigkeitsmodell* ist das Modell von Salovey und Mayer. Die Autoren verbinden Emotionen mit kognitiven Prozessen und sind der Auffassung, dass die EI ein Teil der allgemeinen Intelligenz darstellt und sich aus einer Vielzahl mentaler Fähigkeiten zusammensetzt. Mit dieser Auffassung prägten die Autoren auch den enthaltenen Intelligenzbegriff, der auch wie die kognitive Intelligenz durch Tests gemessen werden kann (Lehner-Adam, 2016, S.19). Salovey & Mayer (1990) nennen in ihrem ersten Modell drei Komponenten der emotionalen Intelligenz:

- Ausdruck und Wahrnehmung eigener und fremder Emotionen
- Gebrauch von Emotionen zur Problemlösung
- Regulation und Management eigener und fremder Emotionen (Salovey & Mayer, 1990, S.190-191).

In ihrem weiterentwickelten Modell 1997 ergänzten sie eine weitere Komponente – das Emotionsverständnis (Lehner-Adam, 2016, S.22).

Die Anlagemodelle oder auch *Trait-Modelle* genannt, verstehen EI eine Vielzahl von Persönlichkeitsdispositionen, die in Verbindung mit Emotionen stehen. Demnach ist die EI aus Sicht der Anlagemodelle dem typischen Verhaltensstil eines Menschen gleichzusetzen wogegen die Fähigkeitsmodelle von einem Maximum des Verhaltens ausgehen (Lehner-Adam, 2016, S.19).

Im Gegensatz zu Saloveys und Mayers Fähigkeitsmodell bezieht sich die EI in *Mischmodellen*, wie z.b. dem von Bar-On (1997) oder Goleman (1995 und 1998) nicht nur auf die Intelligenz oder die Emotionen (Neubauer & Freudenthaler, 2006, S.49). Die Mischmodelle vertreten die Ansicht, dass die EI aus einer Einheit besteht, die sich sowohl aus kognitiven Fähigkeiten, inneren Einstellungen, Persönlichkeitsmerkmalen und Motivation zusammensetzt (Lehner-Adam, 2016, S.20). Bar-On (1997) definiert emotionale Intelligenz als: „an *array of noncognitive capabilities, competencies and skills that influence one´s ability to succeed in coping with environmental demands and pressures"* (S.14). Für Bar-On kommt der EI eine besondere Bedeutung zu, da sie die Frage beantwortet, warum manche Menschen ein erfolgreicheres Leben führen als andere (Neubauer & Freudenthaler, 2006, S.49).

3.2 Emotionale Intelligenz im Team

In einem Team, welches aus einer Vielzahl unterschiedlichster Persönlichkeiten und deren verschiedenen fachlichen Kompetenzen besteht, kommt der EI eine besondere Rolle zu (Krause, Michas & Schirmbeck, 2009, S.55). Nach Kauffeld (2001) bestehen Teams aus mehreren Mitgliedern, die in Interaktion treten, einem gemeinsamen Ziel nachgehen, in gegenseitiger Abhängigkeit stehen und über ein Gruppenkohärenzgefühl verfügen. Sie werden sowohl von sich selbst als auch von außen als Gruppe betrachtet (S.13). Nach Tuckman (1965) durchläuft eine Gruppe in ihrem Bildungsprozess folgende Phasen:

1. *Forming*: Die Gruppe entsteht, findet heraus, welches Verhalten angemessen ist und stellt die Aufgaben, Regeln und Vorgehensweisen fest

2. *Storming*: Es entstehen Konflikte sowohl über die Machtverhältnisse, die Regeln als auch gegenüber der Leitung und in den Untergruppen. Es entsteht eine emotionale Abwehrhaltung gegen die Aufgabenorientierung

3. *Norming*: Die Gruppe stabilisiert sich wieder, das Gefühl des Zusammenhalts entsteht, die Mitglieder unterstützen sich gegenseitig, Normen werden wieder

akzeptiert, ein offener Umgang mit Emotionen entwickelt sich und Konflikte werden beseitigt

4. *Performing*: Die Arbeitsfähigkeit der Gruppe ist hergestellt, es entstehen keine interpersonellen Konflikte mehr, Rollen können flexibel und funktional vergeben werden (Böckelmann & Mäder, 2018, S.239).

5. *Adjourning*: Eine Gruppe besteht nicht auf Dauer und erfährt entweder irgendwann eine Trennung oder erweitert sich durch ein neues Mitglied. Im letzteren Fall startet die Gruppe den Prozess erneut (Pfeffer, 2019, S.58).

Die gemeinsame Aufgabenerfüllung setzt Vertrauen, Verständnis, Empathie, Kontaktfreude und die Bereitschaft zur Kommunikation voraus. EI macht Gruppenarbeit möglich und wirkt sich positiv auf die Zusammenarbeit im Team aus (Franken, 2016, S.42). Empathie spielt in sozialen Systemen eine bedeutende Rolle und stellt einen der Gründe dar, weshalb das Training der EI in Unternehmen zu einer Verbesserung des Gesamtergebnisses führt. Unter Empathie versteht man die Kompetenz, die Gefühle der Mitmenschen wahrzunehmen und zu verstehen sowie mit ihnen umgehen zu können. Empathische Personen haben bessere Voraussetzungen für die Teamarbeit und erreichen gemeinsam Höchstleistungen (Pelzer, 2007, S.11). Um mit anderen Menschen angemessen sowohl auf sprachlicher Ebene als auch über die Körpersprache zu kommunizieren, wird eine hohe EI benötigt. Durch diese ist es möglich, die Perspektive zu wechseln und die Gefühle, Gedanken und Vorstellungen anderer Personen zu verstehen (Geffroy & Geffroy, 2017, S.87). Damit keine Konflikte entstehen, wird nach Möglichkeit zwischen der Sach- und Beziehungsebene differenziert. Wenn dennoch Probleme entstehen, kann das Team diese konkreter lösen. Die Offenheit der Personen kann in einem Team unterschiedlich sein und einige Mitglieder können manchmal stark belastet sein, was wiederum zu einer Blockade führen kann. Durch emotional intelligentes Vorgehen, wie z.B. Ehrlichkeit oder das Zugeben von fachlichen Fehlern, anstatt die Kollegen zu beschuldigen, ist ein adäquates Gleichgewicht zwischen Offenheit und Distanz gegeben. Ein offener respektvoller Umgang gehört zur Basis der EI (Wurzer, 2012, S.45-46). In einer psychologischen Studie von Kramer (2009) konnte gezeigt werden, dass die Produktivität eines Teams kaum durch deren durchschnittliche Intelligenz beeinflusst wird. Der bedeutendste Aspekt, welcher die Gesamtleistung der Gruppe bestimmte, war vielmehr die soziale Sensibilität (das Verständnis über die Gefühle und Gedanken anderer) (Kramer, 2009).

3.3 Kritische Auseinandersetzung mit den Modellen der emotionalen Intelligenz

Dem Konzept der EI wurde von einigen Wissenschaftlern mit Kritik begegnet. Wesentliche Kritikpunkte sind z.B., dass die EI gegenüber der *sozialen Intelligenz*, welche seit der 1950er Jahre populär ist, keine Neuerung darstellt und die EI empirisch nicht belegt ist. Viele Forscher sind der Meinung, dass es sich bei der EI nicht um ein eigenständiges Konzept handelt, sondern vielmehr um eine ausgeprägte Form der fünf Basis-Persönlichkeitsmerkmale der Big Five (Extraversion, soziale Verträglichkeit, Offenheit für Neues, Neurotizismus und Gewissenhaftigkeit). Besonders kritisiert wird auch, dass die Verwendung des Intelligenzbegriffes fehlerhaft ist, da die EI einige Faktoren enthält, die der klassischen Intelligenz nicht entsprechen, wie z.B. die Wissensverarbeitung und das abstrakte Denken (Bosley & Kasten, 2018, S.154). Das Modell von Bar-On wurde im wissenschaftlichen Zusammenhang am meisten kritisiert, da es den Anforderungen an die Beschreibung des Konstruktes sowie deren typische Merkmale am wenigsten gerecht wird. Ein weiterer Kritikpunkt bezieht sich auf die Operationalisierung des Konstruktes im Rahmen der Mischmodelle. Die Vertreter dieser Modelle, wie z.B. Bar-On (1997), Goleman (1995) und Cooper & Sawaf (1997) nutzen Selbstbeschreibungsverfahren in denen erfasst wird, wie eine Person ihr subjektiv empfundenes Verhalten in emotionalen Situationen bewertet. Selbsteinschätzungen haben den Nachteil, dass das Ergebnis sowohl durch die soziale Erwünschtheit als auch durch die aktuelle Stimmungslage des Probanden verzerrt wird. Außerdem sind sich diese Selbstbeschreibungstest und Persönlichkeitstests sehr ähnlich, weshalb einige Kritiker bemerken, dass bereits eine Vielzahl an Verfahren existiert, die die Beschreibung der Persönlichkeit enthalten. Im Gegensatz dazu existieren zwischen Selbstbeschreibungen und Leistungstests keine bzw. nur geringe Korrelationen, wodurch die Annahme gestärkt wird, dass diese Verfahren nicht dieselben Konstrukte messen (Lehner-Adam, 2016, S.20).

Neubauer & Freudenthaler kritisieren Bar-On's Konzeptualisierungen, da diese nicht ausschließlich emotionsbezogene kognitive Fähigkeiten enthält, sondern auch weitreichende soziale Fähigkeiten, Eigenschaften, die nicht als Fähigkeiten angesehen werden können, sondern auf chronische Stimmungen und Persönlichkeitsmerkmale bezogen sind. Demnach sei der Begriff emotionale Intelligenz in diesem Zusammenhang nicht geeignet und wird eher als fragwürdig empfunden. Auch der Intelligenzbegriff wird in diesem Modell kritisch betrachtet, da auch weitere Bestandteile dieses Konzeptes keine Fähigkeiten, sondern Eigenschaften beschreiben, die sich auf Verhaltensstile beziehen, welche von Menschen bevorzugt werden, wie z.b. die soziale Verantwortung. Unter den Intelligenzforschern besteht zwar ein Konsens darüber, dass neben der klassischen Intelligenz noch weitere Eigenschaften existieren, die Erfolg vorhersagen, jedoch wird von den meisten Forschern abgelehnt, dass diese Merkmale als Intelligenzkomponenten eingestuft werden können (Neubauer & Freudenthaler, 2006, S.49).

Literaturverzeichnis

Bar-On, R. (1997). *The Emotional Intelligence Inventory (EQ-i): Technical manual*. Toronto: Multi-Health Systems

Becker-Carus, C. & Wendt, M. (2017). *Allgemeine Psychologie eine Einführung* (2. Aufl.). Berlin: Springer

Becker, T., Bäuml, J., Pitschel-Walz, G, & Weig, W. (Hrsg.). (2007). *Rehabilitation bei Schizophrenen Erkrankungen. Konzepte – Interventionen – Perspektiven.* Köln: Deutscher Ärzte Verlag

Berking, M. & Rief, W. (2012). *Klinische Psychologie und Psychotherapie für Bachelor. Band 1 Grundlagen und Störungswissen.* Berlin, Heidelberg: Springer

Bonanno, G. A., Pat-Horenczyk, R., & Noll, J. (2011). Coping flexibility and trauma: The perceived ability to cope with trauma (PACT) scale. *Psycho-logical Trauma: Theory, research, Practice, and Policy, 3*, 117-129

Bosley, I. & Kasten, E. (2018). *Emotionale Intelligenz: Ein Ratgeber mit Übungsaufgaben für Kinde, Jugendliche und Erwachsene.* Berlin: Springer

Böckelmann, C. & Mäder, K. (2018). *Fokus Personalentwicklung: Konzepte und ihre Anwendung im Bildungsbereich* (2. Aufl.). Berlin: Springer

Brandstätter, V., Schüler, J., Puca, R. M. & Lozo, L. (2018). *Motivation und Emotion. Allgemeine Psychologie für Bachelor* (2.Aufl.) Berlin: Springer

Faltermaier, T. (2017). *Gesundheitspsychologie* (2.Aufl.) Stuttgart: Kohlhammer

Franken, S. (2016). *Führen in der Arbeitswelt der Zukunft: Instrumente, Techniken und Best-Practice-Beispiele.* Wiesbaden: Springer Gabler

Gastpar, M. T., Kasper, S. & Linden, M. (2003). *Psychiatrie und Psychotherapie* (2. Aufl.). Wien: Springer

Gerrig, J. G. & Zimbardo, P. G. (2008). *Psychologie.* (18.Aufl.). München: Pearson

DGPPN e.V. (Hrsg.). (2019b). *S3-Leitlinie Psychosoziale Therapien Bei schweren Psychischen Erkrankungen.* Berlin, Heidelberg: Springer

Dilling, H. & Freyberger, H. J. (Hrsg.). (2019). *Taschenführer zur ICD-10-Klassifikation psychischer Störungen.* (9.Aufl.). Bern: World Health Organization und Hogrefe Verlag

Geffroy, E. & Geffroy, B. (2017). *Die neue Macht der Mitarbeiter. Wie man Mitarbeiter gewinnt, begeistert und hält.* Offenbach: Gabal Verlag GmbH

Häfner, H. (2017). *Das Rätsel Schizophrenie. Eine Krankheit wird entschlüsselt.* (4.Aufl.). München: C. H. Beck Verlag

Kaluza, G. (2004). *Stressbewältigung. Trainingsmanual zur psychologischen Gesundheitsförderung.* Berlin, Heidelberg: Springer

Kauffeld, S. (2001). *Teamdiagnose.* Göttingen: Verlag für Angewandte Psychologie Göttingen

Kramer J (2009) Allgemeine Intelligenz und beruflicher Erfolg in Deutschland: Vertiefende und weiterführende Metaanalysen. *Psychologische Rundschau 60 (2),* S. 82–98

Krause, K. T., Michas, T. & Schirmbeck, B. (2009). *Kopf gegen Bauch: Wo Emotionale Intelligenz im Unternehmen wirkt. Und wie. Berichte aus der Coaching Praxis.* Norderstedt: Books on Demand GmbH

Kubny-Lüke, B. (2003). *Ergotherapie im Arbeitsfeld Psychiatrie.* Stuttgart: Georg Thieme Verlag

Lehner-Adam, I. (2016). *Emotionale Intelligenz und soziales Funktionsniveau bei bipolaren Störungen.* Wiesbaden: Springer

Luczak, H. (1993). *Arbeitswissenschaft.* Berlin, Heidelberg: Springer

Myers, D. G. (2008). *Psychologie* (2.Aufl.). Heidelberg: Springer

Neubauer, A. C. & Freudenthaler, H. H. (2006). Modelle emotionaler Intelligenz. In Schulze, R., Freund, P. A. & Roberts, R. D. (Hrsg.), *Emotionale Intelligenz. Ein Internationales Handbuch* (S.39-59). Göttingen: Hogrefe Verlag

Müsseler, J. & Rieger, M. (2017). *Allgemeine Psychologie* (3. Aufl.). Berlin Heidelberg: Springer

Pelzer, M. A. (2007). *Emotionale Intelligenz – Das Trainingsbuch*. München: Haufe

Pfeffer, J. (2019). *Produkt-Entwicklung. Lean & Agile*. München: Hanser

Remschmidt, H. & Theisen, F. (2011). *Schizophrenie*. Berlin, Heidelberg: Springer

Reichert, I. & Habib, E. (2017). *Betriebliches Eingliederungsmanagement bei Mitarbeitern mit psychischen Störungen*. Berlin, Heidelberg: Springer

Salovey, P. & Mayer, J. D. (1990). Emotional Intelligence. *Imagination, Cognition and Personality, 9*, 185-211

Schnabel, R. & Clouth, J. (2002). Kosten der Frühverrentung am Beispiel der Schizophrenie. *Gesundheitsökonomie und Qualitätsmanagement, 7*, 381-388

Schöpf, J. (2003). *Psychiatrie für die Praxis. Mit ICD-10-Diagnostik* (2. Aufl.) Berlin, Heidelberg: Springer

Sonnentag, S. (1991). Arbeit und Persönlichkeitsentwicklung bei geistig und psychisch Behinderten, 1.Auflage, Frankfurt am Main.

Thiel, H., Jensen, M. & Traxler, S. (2010). *Klinikleitfaden Psychiatrische Pflege* (3.Aufl.) München: Urban & Fischer

Wirtz, M. A. (Hrsg.). (2017). *Dorsch Lexikon der Psychologie* (18. Aufl.) Bern: Hogrefe

Wurzer, J. (2012). *30 Minuten Emotionale Intelligenz* (5. Aufl.). Offenbach: Gabal Verlag GmbH

Zapf, D. & Semmer, N. K. (2004). Stress und Gesundheit in Organisationen. In Schuler, H. (Hrsg.), *Enzyklopädie der Psychologie, Organisationspsychologie. Grundlagen und Personalpsychologie* (S.1007-1112). Göttingen: Hogrefe

Internetquellen

DGPPN e.V. (Hrsg.) (2019a). *S3-Leitlinie Schizophrenie. Langfassung, Version 1.0*, Zugriff am 01.05.2020, Verfügbar unter: https://www.dgppn.de/_Resources/Persistent/88074695aeb16cfa00f4ac2d7174cd068d0658be/038-009l_S3_Schizophrenie_2019-03.pdf

BEI GRIN MACHT SICH IHR
WISSEN BEZAHLT

- Wir veröffentlichen Ihre Hausarbeit,
  Bachelor- und Masterarbeit

- Ihr eigenes eBook und Buch -
  weltweit in allen wichtigen Shops

- Verdienen Sie an jedem Verkauf

Jetzt bei www.GRIN.com hochladen
und kostenlos publizieren